AF586426

LA

MAISON DU BON DIEU,

COMÉDIE-VAUDEVILLE EN UN ACTE.

PAR MM. E. WANDERBURCH ET Pre TOURNEMINE.

REPRÉSENTÉE POUR LA PREMIÈRE FOIS, SUR LE THÉATRE DE LA PORTE-SAINT-ANTOINE, LE 17 NOVEMBRE 1836.

NASZARD LESESTRE.

Ces deux sabres d'honneur, je les ai gagnés sur le champ de bataille ! (SCÈNE XV.)

PARIS,

NOBIS, ÉDITEUR, RUE DU CAIRE, N° 5.

—

1836.

Personnages.	Acteurs.
BERNARD, curé, (66 ans).	MM. **Omer.**
RÉMOND, ancien sous-officier, son ami, (55 ans).	**Henri.**
EUGÈNE, } commis voyageurs.	**Fontenay.**
ISIDOR, } commis voyageurs.	**Séligny.**
JULIEN, fils naturel de Rémond, (22 ans).	**HIPPOLYTE**
PIERRE, garçon de peine.	**Fournier.**
VÉRONIQUE, sœur de Bernard, (46 ans).	Mmes **Ludovic.**
PERRINE, servante.	**Bligny.**
Paysans, hommes et femmes.	

La scène se passe à Sassenage, petit bourg près Grenoble.

J.-R. MEVREL, Passage du Caire, 54.

LA MAISON DU BON DIEU,

VAUDEVILLE EN UN ACTE.

Le théâtre représente une salle basse de la maison habitée par Bernard. — De chaque côté, une porte de communication; vers le premier plan, à droite du spectateur, une haute cheminée; au fond, l'entrée principale. Une table, un buffet, quelques chaises composent l'ameublement.

SCÈNE I.

VÉRONIQUE, PERRINE.

(Au lever du rideau, Véronique est assise sur une chaise basse, auprès de la cheminée, elle attise le feu et surveille deux casseroles placées sur des fourneaux dans l'intérieur de l'âtre. Perrine apporte la table à quelques pas de Véronique, et va prendre dans le buffet tout ce qu'il faut pour dresser un couvert.)

VÉRONIQUE, soufflant le feu de l'âtre.

Allons, bien!.. voilà mon feu qui s'éteint, à présent! Perrine, du bois...

PERRINE, quittant ce qu'elle fait.

Tout de suite, mam'selle... (Une horloge sonne trois heures.

VÉRONIQUE.

Trois heures!.. et pas encore rentré... s'il y a du bon sens à me faire attendre ainsi!.. quel homme insupportable, mon Dieu!

PERRINE.

Ah! mam'selle Véronique! pouvez-vous parler comme ça de vot' frère!.. ce bon m'sieur Bernard, un si brave, un si digne homme!

VÉRONIQUE, avec humeur.

Oui, c'est cela, on le trouve bon parce qu'il n'a rien à lui; qu'il se prive pour aider des ingrats, qu'il garde des domestiques paresseux, et qu'il souffre que dans son presbytère, ils osent se faire l'amour... le digne homme, n'est-ce pas, parce que tout le monde le gruge?.. c'est le fou, l'original, qu'il faudrait dire!.. les chemins qui conduisent ici, sont horribles, il éclaire sa porte le soir, pour éviter, dit-il, les accidens; il n'y a pas d'auberge à plus d'une lieue à la ronde, il reçoit, il couche, il nourrit gratis le premier venu qui se présente... aussi dans le village on appelle sa demeure la MAISON DU BON DIEU... je vous demande s'il ne vaudrait pas autant mettre une enseigne et écrire en bas: Ici, on loge à pied et à cheval!.. (Remuant une casserole.) Là, voilà mes lentilles qui brûlent!..

PERRINE, à part.

C'est ben fait; elle est trop bougonneuse, aussi!

VÉRONIQUE.

Qu'est-ce que vous dites?.. c'est votre faute; me faire causer, me mettre en colère...

PERRINE.

Moi?.. par exemple!.. c'est vous qui me grondez toujours, et que je ne vous réponds jamais rien.

VÉRONIQUE.

Allons, allons, c'est bon, taisez-vous.

PERRINE, à part.

Oh! que c'est ennuyeux, les vieilles filles!

SCÈNE II.

LES MÊMES, PIERRE.

(Pierre parait à la porte du fond; il n'ose entrer, et fait signe à Perrine qui vient à lui.)

PIERRE, bas.

P'sit!.. p'sit!.. dis donc, Perrine, le voyageur d'hier au soir, est-il parti?..

PERRINE, de même.

Dam, je ne sais pas: quéque tu lui veux?

PIERRE.

C'est qu'il m'a promis un pour-boire.

VÉRONIQUE, sans se retourner.

Eh! bien, ce couvert est-il mis?

PERRINE.

Oui, mam'selle, tout à l'heure. (A Pierre.) Ah! mon Dieu, mais t'es trempé comme une soupe!

PIERRE, toujours bas.

Je crois ben, il tombe un brouillard, qu'on ne mettrait pas un chien dehors.

PERRINE, de même.

Eh ben! pourquoi que t'es sorti?

PIERRE.

Pour le voyageur, puisqu'il m'a envoyé savoir à la poste, à quelle heure que passe la déligence de Lyon... Hein, comme je suis moite?

PERRINE.

Ne dis rien, j'te vas prêter sa chaufferette: tu te mettras dessus, ça te réchauffera les pieds.

PIERRE, entrant tout doucement.

A-t-elle des attentions délicates!.. (S'asseyant sur la chaufferette que Perrine vient de lui donner.) Tu crois que ça va me sécher les pieds?

PERRINE.

Prends garde qu'elle ne t'entende; tu sais les trains qu'elle ferait?..

PIERRE.

Pas de danger, va... (Criant.) Oh! ça me brûle?

VÉRONIQUE, se tournant.

Hein, qu'est-ce que c'est?

PERRINE, à part.

Imbécile!..

VÉRONIQUE.

Pierre!.. eh bien! il faut qu'il ait du front, par exemple!.. quand je lui ai défendu...

PERRINE.

Ah! mam'selle Véronique, c'est ben absolument l'hasard, allez!

VÉRONIQUE.

Petite effrontée! vous n'avez pas de honte, de vous en faire conter par ce mauvais garnement?.. (S'adressant à Pierre.) Et toi, drôle, est-ce ici ta place?.. on te paie pour rester à rien faire, n'est-ce pas?

PIERRE.

Rien faire?.. ah! ben, en v'là une bonne!.. Primio, j'ai porté à ce matin de la farine à la mère Leroux, d'la part de m'sieur le curé; deuxio, j'ai arclé la vigne; troisio...

VÉRONIQUE.

Tais-toi, débauché, bon à rien, lâche, gourmand...

AIR: Vandeville de l'Ours et le Pacha.

Il te faudra changer, crois-moi.
Ici, j' te l'dis avec franchise,
Pour qu'on t' garde, corrige-toi
D'ta paresse et d'ta gourmandise.
Ça perd la moitié de son temps,
Quand ça a l' ventr' plein, c'est comme un' souche.

PIERRE.

Faut ben qu'on mang', faut ben qu'on s'couche;
Quéqu'fois, c'est vrai, j'suis su' les dents,
Mais, c'est faux que j'sois su' ma bouche. (BIS.)

VÉRONIQUE.

Ça raisonne, je crois... Ah! mon Dieu! et moi qui oublie mes œufs à la coque... (Elle court vers la cheminée et les retire des cendres.) Eh bien! ils sont dans un joli état!

PIERRE.

Ils sont durs?.. faut en faire une omelette.

VÉRONIQUE, en colère.

Pierre, sors d'ici, sors vite; et si je te retrouve encore avec elle... Allons, v'là ma soupe dans les cendres, à cette heure... Mauvais sujet! c'est toi qui es cause de tout cela!.. (Elle prend un brin de fagot et veut le battre.)

SCÈNE III.

LES MÊMES, RÉMOND, en costume du peuple mais cossu; chapeau recouvert d'une toile cirée.

RÉMOND, sortant du cabinet de droite.

Eh bien! eh bien! du tapage?.. diantre! ma chère dame, comme vous y allez! vous donnez le knout à vos domestiques?

VÉRONIQUE, retournant à la cheminée.

De quoi vous mêlez-vous?

PIERRE.

Faites pas attention, voyageur, c'est les caresses d'habitude de mam'selle. (Plus bas.) Elle est méchante comme un âne rouge. (Plus haut.) Ah! à propos, vous savez, la voiture de Lyon?.. eh ben! elle passe aux environs de neuf heures, au bout du petit chemin que je vous ai montré; et si elle n'est pas pleine et qu'il y ait de la place, vous pouvez être sûr...

RÉMOND.

Petit farceur!.. (Il lui donne quelque monnaie.) Ah! tu m'indiqueras aussi la maison du notaire de cet endroit... (A Véronique.) Maintenant, madame l'hôtesse, ma carte, s'il vous plait?

VÉRONIQUE, à part.

L'hotesse!.. la carte!.. quand je dis qu'ils prennent tous la maison pour une auberge! (Haut et avec humeur.) On ne fait ici la carte à personne, entendez-vous, monsieur.

RÉMOND.

Oh! ne vous fâchez pas; si ça n'est pas votre usage, ça m'est égal... voyons, le lit, le souper d'hier et le déjeuner de ce matin, ça fait au juste...

PERRINE, bas à Rémond.

Mais, ne lui demandez donc pas ça, puisqu'on est reçu ici gratis, pour rien, quoi!

RÉMOND.

Ah! bah!.. comment! quand on m'a enseigné la maison du bon Dieu...

PIERRE.

Eh ben!.. oui, c'est ça; mais la maison du bon Dieu, c'est pas un bouchon, c'est le presbytère.

RÉMOND.

Vraiment!..

PERRINE.

Enfin! vous êtes chez m'sieur Bernard, le curé de Sassenage.

PIERRE.

Et un fameux bon enfant, allez!.. indulgent sur tout, quoi... excepté sur la boisson, par exemple... ah! ça, un verre de vin de trop, y ne vous le passe pas, d'abord!..

RÉMOND, réfléchissant à part.

Bernard... voilà qui est singulier, il me semble que j'ai connu dans le temps, un lapin de ce nom-là... (A Véronique.) Excusez, ma brave dame, je ne me doutais pas que j'étais si bien tombé. Ah! ça, on peut sans doute le voir et le remercier, avant que de partir, ce digne homme-là?.. si vous voulez le prévenir qu'un vieux troupier désire faire sa connaissance...

PERRINE.

Un troupier?.. ah ben!.. il sera aussi joliment content de vous voir, quand il va rentrer, allez! oh! les militaires, il les aime!..

VÉRONIQUE, à part.

La bavarde!

PIERRE.

Je crois ben, quand il en passe, ça lui fait un effet!.. ça lui fait même quéquefois deux effets.

RÉMOND.

En vérité?.. eh bien! je vais faire ma valise, et je reviens à l'instant.

(Il entre dans sa chambre.)

SCÈNE IV.

LES MÊMES, excepté RÉMOND, et bientôt après, BERNARD.

VÉRONIQUE.

Je vous demande un peu de quoi se mêle cette petite sotte?.. retenir cet étranger!.. pour monter encore la tête à mon frère, comme cela arrive chaque fois qu'il rencontre un de ces vauriens de soldats. (A part.) Je ne sais quoi dans celui-ci a réveillé en moi des souvenirs...

PIERRE, bas à Perrine.

Hein, est-elle maronneuse?

(Bernard paraît au fond; il porte un parapluie et semble fort embarrassé de divers objets qu'il tient sous son manteau.)

BERNARD.

Pierre, viens m'aider, mon garçon.

PIERRE.

Tout de suite, M. Bernard. (Il va à lui et le débarrasse; Bernard entre en scène.)

VÉRONIQUE, à son frère.

Ah! enfin, vous voilà... ça n'est pas malheureux! faire une pareille absence, quand vous savez que monseigneur l'évêque est en tournée dans son diocèse; qu'il peut venir ici et s'y arrêter, comme il a fait déjà chez plusieurs de vos confrères; mais à quoi pensez-vous?.. et comme vous voilà mouillé, crotté!

BERNARD, secouant son chapeau, et ôtant le manteau qui le couvre.

Ce n'est rien... Perrine, jette-moi un peu de broussaille dans l'âtre, ma fille. (Perrine s'empresse d'obéir, et lui place même ses pantoufles près du feu.)

VÉRONIQUE.

Et d'où venez-vous, comme ça?

BERNARD.

Je viens... je viens de Grenoble, là, puisqu'il faut tout vous dire... j'y avais affaire.

VÉRONIQUE.

Oui, à faire des emplettes, pour vos fainéants de Sassenage!

BERNARD.

Eh bien! quand ça serait, ma sœur, n'allez-vous pas encore crier à cause de ça?

AIR : Amusez-vous, jeunes fillettes.

Pour la veuve de Jean-Marie,
Qui voit nus ses pauvres enfans,
Chez les marchands de friperie,
J'ai choisi quelques vêtemens.
Ça m'a fait un petit voyage;
Mais, Dieu merci, grace à mes soins,
A mon retour dans le village
J'avais trois malheureux de moins.

VÉRONIQUE.

C'est gentil! tout ça vous arrange bien, et votre bourse aussi!

BERNARD.

Jacques est mourant, dans sa chaumière,
Que Dieu veuille le protéger!
J'ai couru chez l'apothicaire
Chercher de quoi le soulager.
Je suis revenu tout en nage;
Mais, Dieu merci, grace à mes soins
A mon retour dans le village,
Un vieux malade souffrait moins

VÉRONIQUE.

Et tout ça à pied?.. vous vous abîmez le corps! vous êtes vieilli de vingt ans depuis que nous sommes dans ce pays de loups.

BERNARD.

C'est pour cela, l'exercice me fait du bien.

VÉRONIQUE.

Si vous étiez plus économe, si vous ne donniez pas tout, vous pourriez avoir un cheval, une carriole...

BERNARD.

J'aime mieux nourrir des pauvres que des chevaux.

VÉRONIQUE, à part.

Quel homme!

BERNARD, se mettant à la table.

Voyons, Perrine, qu'est-ce que tu vas me donner aujourd'hui?

PERRINE, le servant.

M'sieur le curé, v'là une bonne petite soupe, des œufs mollets, et des nentilles.

BERNARD, gaîment.

Oh! oh! c'est un repas splendide. (Il mange.) Elle est joliment mitonnée ta soupe, tu devrais en garder un peu pour coller le papier de mon alcôve. (Il la laisse et casse un œuf.) Dis donc, Perrine, tu appelles cela des œufs mollets?

PERRINE.

Ils sont peut-être un peu rissolés?

BERNARD, bas.

Chut, chut! ne disons rien, tu serais grondée et moi aussi. (Il goûte aux lentilles.) Pouah! oh! ma foi pour les lentilles, elles ne valent pas le diable!

VÉRONIQUE, avec humeur.

Parbleu! plaignez-vous, quand moi, j'ai eu la peine de faire réchauffer tout cela plus de vingt fois... mais rien n'est jamais à votre goût; vous êtes un homme injuste, accariâtre, abominable!

PIERRE, à part.

Ah! ah! comme elle l'habille!

BERNARD.

Allons, allons, c'est bien... c'est moi qui ai tort.

VÉRONIQUE.

Très certainement... croyez-vous, d'ailleurs, que je ne sois pas lasse de faire ici l'ouvrage d'une péronelle, qui n'est bonne qu'à faire les doux yeux avec ce drôle?

PIERRE, à part.

Bien, v'là encore que c'est mon tour!

VÉRONIQUE, continuant.

Mais j'ai beau dire, vous ne voulez pas réprimer ce scandale; et jusqu'à ce qu'il soit arrivé un malheur...

PIERRE, vivement.

Un malheur?.. de quoi, de quoi, quéque ça veut dire?

BERNARD, bas et plus sévèrement.

Assez, assez, ma sœur; voulez-vous donner à ces enfans des idées qu'ils n'ont pas? ayez un peu plus d'indulgence; vous avez été jeune aussi... vous fûtes long-temps séparée de moi, et si j'avais écouté les propos... mais, c'est de l'histoire ancienne, et comme il ne m'appartient pas non plus d'être trop sévère, ne parlons pas de tout ça... (A Pierre.) Pierre, il commence à faire sombre, vas allumer la lanterne, mon garçon; je te permets d'aimer Perrine, et si vous êtes bien gentils, si vous vous conduisez bien tous les deux, je vous marierai... l'été prochain.

VÉRONIQUE.

Les marier? joli ménage! misère et compagnie!

BERNARD.

Eh! mon Dieu! s'ils sont heureux! cela vaudra une union de princes!

(Un peu à part, à Véronique.)

AIR : De ma Céline amant modeste.

Le fruit qu'on nous défend nous tente,
Je sais cela depuis long-temps;
Et loin de tromper leur attente,
J'unirai ces pauvres enfans.
S'aimer, n'est-il pas de leur âge?
Curé prudent, je vous le dis, enfin,
Mieux vaut un pauvre mariage
Que le baptêm' d'un orphelin.

PIERRE, qui l'a entendu.

Et m'sieur le curé a ben raison... O! ô brave homme du bon Dieu, va!

PERRINE, qui ôte le couvert.

Ah! v'là not' voyageur d'hier soir.

BERNARD, sans regarder.

Ah! ah! d'hier soir? je ne l'ai pas vu celui-là... on en a eu bien soin?

PERRINE.

J' crois ben puisqu'il veut vous remercier.

PIERRE, bas à Bernard.

Un ancien militaire, ne dites pas que c'est moi qui vous l'a dit.

BERNARD, vivement.

Un ancien militaire!..

SCÈNE V.

LES MÊMES, RÉMOND.

RÉMOND, entrant, sa valise sous le bras et un bâton à la main.

C'est sûrement lui; au fait, il a une bonne figure, ce curé-là.

BERNARD, allant à lui.

Mon brave, je regrette de ne m'être pas trouvé au presbytère pour vous recevoir moi-même, mais... (Il l'examine attentivement.)

RÉMOND, le considérant aussi.

Monsieur l'abbé, certainement... c'est moi qui suis... Ah! mon Dieu!.. est-ce possible?.. comment ce serait... Ber... Bernard!

BERNARD, le reconnaissant.

Rémond!

RÉMOND, avec joie.

Eh! oui, mille bombes! Rémond, ton vieux camarade.

VÉRONIQUE, à part et vivement.

Rémond!

PIERRE et PERRINE, de même.

Ah! c'te chose, ils se connaissent!

BERNARD.

Mon ami! (Ils s'embrassent.)

RÉMOND.

Ce bon Bernard!

BERNARD.

Et comment te trouves-tu dans ce pays? je te croyais retiré dans le Nivernais, ta patrie.

RÉMOND.

Je te conterai ça.

VÉRONIQUE, après avoir considéré Rémond plus attentivement et à part.

Oh! c'est lui, c'est bien lui, plus de doutes! (Elle s'évanouit presque.)

PERRINE, allant à elle.

Eh ben! quéque vous avez donc, mamselle?

VÉRONIQUE, se remettant.

Ce n'est rien; venez, Perrine. (A part en sortant.) Sainte Vierge, ayez pitié de moi!

RÉMOND.

Eh! mais, cette pauvre femme...

BERNARD.

Ne fais pas attention... ma chère sœur est un peu sauvage, et ta présence...

RÉMOND.

Ah! c'est ta sœur?.. je t'en fais mon compliment... elle est douce à peu près comme une carabine rouillée.

BERNARD.

Ah! ça, tu n'es pas tellement pressé, que tu ne puisses, j'espère, me donner quelques heures?.. nous casserons une croûte, et nous causerons un peu. Voyons, Pierre, aveins-nous une bouteille de Beaujolais et un morceau de fromage.

PIERRE.

Voui, m'sieur Bernard. (Il va fouiller au buffet.)

BERNARD, à Rémond.

Tu vois que c'est une petite collation bien frugale. (Riant et plus bas.) Mais à la guerre comme à la guerre!

RÉMOND.

Et le plaisir d'être avec toi, donc? ce sera un repas excellent.

PIERRE, qui a servi, bas à Rémond.

Dites donc, voyageur, puisque vous êtes amis ensemble, et que vous le connaissez, tâchez donc qu'il me marie avec Perrine, le plus tôt possible.

RÉMOND.

Eh! le gaillard est pressé, à ce qu'il paraît!

BERNARD.

Mais sois donc tranquille; puisque je te l'ai promis... à condition que d'ici là, tu seras sage, pourtant...

Air : Je sais attacher des rubans.

La pauvre enfant ne t'apportera rien;
Orpheline, sans espérance,
En mariage elle n'a d'autre bien
Que sa vertu, son innocence.
Mais ce trésor, garde-le, sur l'honneur,
Songe qu'il faut respecter ce qu'on aime;
N'emprunte rien à ton futur bonheur,
Ce serait te voler toi-même.

Allons, vas allumer ta lanterne, et laisse-nous.

PIERRE.

Voui, m'sieur Bernard. (A part en sortant.) Ça serait me voler moi-même, qu'est-ce qu'il veut donc dire? j' vas l' demander à Perrine.

SCÈNE VI.

BERNARD, RÉMOND.

RÉMOND, à part.

Ce qu'il vient de dire là, à ce garçon, c'est bien... c'est très bien.

BERNARD.

Voyons, assieds-toi là, et renouvelons connaissance le verre à la main.

RÉMOND, se mettant à table.

Volontiers... tu n'es pas bien exigeant, à ce que je vois...

BERNARD, lui versant.

Du tout; la belle chose que de faire trembler tout le monde... tu sais le proverbe : on prend plus de mouches avec du miel qu'avec du vinaigre... Eh bien! moi, j'en fais un précepte de morale... à ta santé, mon vieux...

RÉMOND.

Vieux? je suis ton plus jeune, de douze ans au moins!.. (Il boit.) Parbleu! je n'en reviens vraiment pas; t'avoir quitté dragon, et te retrouver curé : en voilà une métamorphose!

Air : Vaudeville de l'Apothicaire.

Toi, qu' j'ai vu si crâne, autrefois,
Racont' moi donc, par quell' prouesse,

Tu laissas l' sabre pour la croix
Et la manœuvre pour la messe?
J'ai beau le voir, là, de mes yeux
A l' croir', sur mon honneur, j' hésite...
Il est donc vrai, que, dev'nu vieux,
Le diable ait pu se faire ermite.

BERNARD.

Ah! c'est qu'il s'est passé bien des choses depuis ce temps-là! tu sais que j'avais été élevé au séminaire?.. la réquisition vint m'enlever à mes études et me mettre un sac sur le dos; ma foi, je pris mon parti, j'étais jeune, enthousiaste; d'abord, je ne vis que mon pays, mais ensuite apparut l'empereur, et je l'aimai, je l'admirai, car il me semblait envoyé par le ciel, pour la gloire de la France!

RÉMOND, buvant.

Ah! quel temps que celui-là!

BERNARD.

J'ai servi loyalement et bravement... et quand j'ai vu ce colosse de force et de puissance tomber de si haut, cette belle armée détruite, la France envahie, Napoléon allant mourir dans une île anglaise, mes idées religieuses me sont revenues; car alors, j'ai compris qu'il n'y avait pas de grandeur véritable sur cette terre!

RÉMOND, ému.

Oui, alors, je conçois maintenant; mais si ça t'est égal, causons de quelque chose d'un peu plus gai, veux-tu?.. tiens, donne-moi à boire. (Voyant que Bernard ne se verse pas.) Eh bien! dis donc, tu t'oublies, toi, l'ancien?..

BERNARD.

Ne fais pas attention, je ne prends jamais plus d'un second verre; c'est... un vœu que j'ai fait...

RÉMOND, gaîment.

Un vœu de ne pas boire? allons donc, tu plaisantes! (Riant.) Un vieux grognard, à qui un verre de vin fait peur!

BERNARD, avec gravité.

Et pourquoi pas?.. ignores-tu donc à quels excès peut porter l'ivresse? et si je te disais qu'un jour, un verre de vin de trop m'a troublé la raison, au point de me faire commettre une faute dont le souvenir est encore là, qui me déchire la conscience?

RÉMOND, sérieusement.

Hein? qu'est-ce tu dis donc?

BERNARD.

Écoute, car je puis te confier celà, à toi; il y a d'ailleurs si long-temps que j'étouffe ce secret en moi-même... (Ils se prennent la main avec émotion. Bernard poursuit, après un moment de silence.) Tu avais quitté notre régiment; c'était dans ces environs, à une époque... bien désastreuse! tout était en déroute... les Autrichiens marchaient sur Lyon, nous allions à leur rencontre... (Soupirant.) Ah! quand j'y songe...

RÉMOND, avec la plus vive attention.

Après...

BERNARD.

Repoussés devant Grenoble, nous nous replions ici, dans ce même village; nous étions exaspérés... les habitans nous fermèrent leurs portes... maréchal-des-logis-chef, je commandais un peloton... je m'y vois encore... la tête tournée, la rage d'être vaincus, et avec cela un verre de vin, un verre de trop, entends-tu... moi qui, tu le sais, avais toujours donné l'exemple de la modération, j'oubliai tout... je fus injuste, cruel...

RÉMOND, vivement.

Toi!

BERNARD.

Je monte l'esprit de mes camarades, nous demandons des vivres qu'on nous refuse... les malheureux! comment auraient-ils pu nous satisfaire, d'autres avant nous les avaient déjà pillés! nous voulons les contraindre, le désespoir les porte à se défendre... une heure après, nous étions déjà loin, et la flamme dévorait une partie de ces chaumières; depuis ce jour, ce fut un remords, vois-tu, car, là, il n'y avait pas d'excuse; (Pleurant.) c'étaient des Français, c'étaient des frères!

RÉMOND, avec émotion.

Ah! pauvre Bernard!

BERNARD, continuant.

La Restauration vint...le repentir de cette faute, la résolution de ne point porter une autre cocarde, me ramenèrent vers l'asile où s'était écoulé mon enfance : j'y fus reçu, j'y trouvai des consolations... enfin, quelques années après, une cure me fut offerte; juge de ma joie, c'était celle de Sassenage!.. pauvre gens, me dis-je alors, je pourrai donc réparer le mal que je leur ai fait! je soignerai leurs malades; j'éleverai, j'instruirai leurs enfants, je leur ferai tant de bien à tous, que le bon Dieu me pardonnera peut-être... aussitôt, je réunis le petit avoir que je possédais, et je vins m'installer ici avec ma sœur; ici, où le ciel a permis que je fasse tout ce que je m'étais promis de faire : voilà ma vie depuis que je t'ai quitté, mon pauvre Rémond, je t'ai montré mon âme tout entière, vois, maintenant, si le prêtre n'a pas bien expié la faute du soldat.

RÉMOND, vivement.

Oh! oui... tu as raison, et je n'aurais jamais cru qu'un verre de vin... diable d'homme, va, tu m'as tout bouleversé!

BERNARD.

Allons, allons, essuie cette petite larme et bois un coup, ça te remettra.

RÉMOND, mettant la main sur son verre.

Non, non, assez... tout ce que tu viens de me dire... et moi qui ne pensais plus à rien, qui allais tranquillement me marier!

BERNARD, gaîment.

Bah!.. conte-moi donc cela?

RÉMOND.

Ah! ça n'est pas précisément un mariage, c'est plutôt une affaire... on me propose une cousine qui exploite la filoselle dans les environs de Saint-Laurent, et possède en outre cent cinquante bons mûriers au soleil; comme j'ai repris le commerce de mon père, et que je suis aussi dans les vers à soie! je me suis dit : ça va; ce qui fait que, malgré que je ne l'ai pas encore vue, nous avons déjà deux bans à la municipalité.

BERNARD.

C'est tout-à-fait original!

RÉMOND.

Voilà la chose...

AIR : De sommeiller encor, ma chère.

Pour faire un' fin, je me marie,
Il faut s'établir tôt ou tard :
Ma femm' paraît un' bonn' réjouie,
Et franch'ment, j'la prends au hasard.
Avec le sentiment on s'noie,
J'aim' mieux les écus qu'les amours :
En unissant nos vers à soie
Nous pourrons filer d'heureux jours.

BERNARD, riant.

C'est on ne peut plus juste!

RÉMOND.

Eh! bien oui, ce matin, je pensais encore ainsi, mais depuis la confidence que tu viens de me faire...

BERNARD.

Quels rapports y a-t-il...

RÉMOND.

Ah! c'est que je suis comme toi, mon bon Bernard, j'ai un remords... et moins heureux, je n'ai pas réparé...

BERNARD.

Toi, un remords?.. un sans souci!

RÉMOND.

Oh! il y a bien long-temps!..j'avais, je crois... vingt-cinq ans... une jeune fille qui demeurait du côté de chez nous... que j'ai trompée, abandonnée... elle est peut-être morte de chagrin.

BERNARD.

Et tu ne l'as jamais revue?..

RÉMOND.

Non ; quand je suis revenu au bout de cinq ou six ans, elle avait quitté le pays, et mon père avait gardé notre marmot.

BERNARD.

Tu avais un enfant!..

RÉMOND.

Méchant mioche! c'était gentil, étant petit... il avait un goût pour la musique!.. aussi il s'est fait trompette dans un régiment; puis il a quitté la garnison comme il avait abandonné la maison de mon père. Que veux-tu, c'est un mauvais sujet de plus, qui court le monde; je n'y peux rien, il y a près de quatorze ans que je ne l'ai vu, et en voilà quatre, que je ne sais où il est... Mais tous ces souvenirs-là, vois-tu, ça me chiffonne maintenant, ça me pèse...

BERNARD.

Bien, bien, mon ami, c'est un bon mouvement, cela... réfléchis, et agis selon ton cœur, je suis sûr qu'il te conseillera bien.

PIERRE, en dehors.

Mam'selle Véronique! mam'selle Véronique!..

RÉMOND, à part avec la plus grande surprise.

Véronique!.. par quel hasard, ce nom, en ce moment...

SCÈNE VII.

LES MÊMES, PIERRE, accourant.

PIERRE.

Mam'selle Véronique! mam'selle Vé... tiens, où c'qu'elle est donc?

BERNARD.

Eh! bien voyons, que lui veux-tu, à ma sœur?

RÉMOND, à part.

Sa sœur!.. ah! mon Dieu! est-ce qu'il serait possible...

PIERRE.

Figurez-vous trois voyageurs, trois... et ils sont faits! ils sont trempés!.. des vrais caniches, m'sieur le curé.

BERNARD.

Fais-les donc entrer, nigaud.

PIERRE, sortant.

Voui, m'sieur le curé... (A Rémond.) Hein, est-il bon?

RÉMOND, pensif.

Il n'y a pas à balancer, il faut que je m'assure...

BERNARD.

Nous recauserons tout-à-l'heure; car nous ne nous disons pas adieu, j'espère?

RÉMOND, lui pressant la main.

Partir sans t'embrasser, ah! peux-tu le croire!..

AIR : Vaudeville des Scythes et des Amazones.

Non, attends-moi, je reviens tout de suite,
Je n'entends pas te quitter aussi tôt ;
Un mot de toi, m'a dicté ma conduite,
Mon bon Bernard, je reviendrai bientôt,
Oui, sans adieu, je reviendrai bientôt.
(A part.) Se pourrait-il, après vingt ans d'absence !..
C'est mon devoir, et j'irai jusqu'au bout ;
(Haut.) J' n'écoute plus qu' la voix d' ma conscience,
J'sens qu'il faut être honnête homme avant tout.
J' n'écoute plus qu' la voix d' ma conscience,
Comm' toi, j' veux être honnête homme avant tout.
Il faut être honnête homme avant tout. (BIS.) (Il sort.)

SCÈNE VIII.

BERNARD, PIERRE, EUGÈNE en costume de Crispin; ISIDOR en costume de Tartuffe, et JULIEN en habit de ville. Tous trois sont couverts de manteaux et de carricks.

PIRRE, entrant le premier.

Entrez, que je vous dis...vous ne vous trompez pas, vous êtes à la maison du bon Dieu.

JULIEN, gaîment.

Elle a l'air un peu bicoque, ta maison du bon Dieu.

PIERRE.

Bicoque?.. eh! ben, est-il donc malhonnête, celui-là!

EUGÈNE.

Brou! brou! brou!.. nous sommes faits commes des voleurs!..

PIERRE, à part.

Le fait est qu'ils ont des drôles de mines: que diable c'que c'est que ces gens-là...

ISIDOR, frappant sur l'épaule de Bernard.

Voyons, l'hôte, un bon feu, et le meilleur souper possible...nous mourons de faim et de froid.

BERNARD, souriant.

Je ferai de mon mieux... Allons, Pierre, vivement, une bonne bourrée, et que ça flambe.

PIERRE, mettant un fagot dans l'âtre.

L'hôte! l'hôte!.. a-t-on jamais vu... ils se croient...apprenez, messieurs, que m'sieur Bernard n'est pas un...

BERNARD, bas à Pierre.

Paix, bavard, paix... laisse-les croire, ils seront plus à leur aise.

JULIEN, s'approchant de la cheminée.

Ah! ça ravigotte!

EUGÈNE, de même.

Nous avions besoin de ça.

ISIDOR, même jeu.

Et le souper, surtout, soignons le souper.

BERNARD, à Pierre.

Voyons, remue-toi; appelle Perrine, cherche ma sœur...

PIERRE.

Mais, je me remue, m'sieur Bernard... (A part, en sortant.) Diable! comme ils commandent, ceux-là, on dirait des autorités!

SCÈNE IX.

LES MÊMES, excepté Pierre.

JULIEN, fredonnant.

Ut, mi, sol, ut...

ISIDOR.

Oui, chante, file des games, je te le conseille, tu nous as mis dans un bel embarras!

JULIEN, riant.

Moi, du tout, c'est plutôt Eugène.

EUGÈNE.

Par exemple! c'est toi... je m'en rapporte à Isidor.

ISIDOR, désignant Julien.

Il a raison, c'est ta faute... quel dommage! je suis sûr que j'aurais été superbe dans mon rôle de Tartuffe!.. mais l'orage a commencé d'une telle force!..

BERNARD, se rapprochant.

L'orage... ah! oui, le vent du sud nous en amène souvent dans ce pays.

JULIEN, gaîment.

Vous appelez ça le vent du sud?

ISIDOR.

C'était parbleu bien des sifflets, une grêle de sifflets!

JULIEN, riant toujours.

Dieu! avons-nous été sifflés!

BERNARD, gaîment.

Bien, bien, j'y suis... vous êtes acteurs...

ISIDOR, vivement.

Non pas, non pas; amateurs, c'est bien assez; car je vous jure que l'épreuve de ce soir...

JULIEN.

Bah! bah!.. je ne dis pas celà, moi, c'était amusant.

BERNARD.

Que vous est-il donc arrivé?

ISIDOR.

Oh! une scène dont vous ne vous faites pas d'idée!.. (Riant.) Et cependant à présent que le danger est passé, je suis tenté d'en convenir, c'était drôle...

JULIEN.

Je crois bien!

BERNARD.

Vous avez donc eu quelque querelle, quelque...

ISIDOR.

Tenez, mon cher aubergiste, voici le fait: Nous sommes tous trois dans le commerce; Julien, tenant les livres d'une des plus fortes maisons de Voreppe, et Eugène et moi, commis voyageurs, stationnaires en ce moment dans cette ville. Fatigués de maîtresses, de jeu, de bals, de bonne chère, et ne sachant vraiment plus quels plaisirs invoquer, l'idée nous passe de jouer la comédie, la seule des folies que nous n'ayons pas encore faite... nous nous recrutons, on apprend les rôles, et le jour de la représentation était même déjà fixé, lorsque mon fou de Julien ouvre l'avis de nous mener débuter à Grenoble, où il prétend qu'il a une famille riche et puissante.

JULIEN.

C'est vrai; année commune, mon grand-père avait affaire à plus de cent cinquante mille fabricants.

EUGÈNE.

Il n'est pas plus gascon que ça.

JULIEN.

Il n'y a pas de gasconade; il faisait dans les vers à soie, et ces ouvriers-là ne tiennent déjà pas tant de place dans une manufacture.

ISIDOR, continuant.

Nous arrivons; la salle était vacante; l'offre de la moitié de la recette pour les pauvres, nous rend le maire favorable, et voilà mon Julien devenu directeur, qui compose pour le soir même une affiche... oh! mais une affiche comme on en a jamais vu... haute de ça... et des lettres! CRISPIN MÉDECIN et le TARTUFFE; nous annonçant comme des artistes de Paris, et lui, se faisant passer pour un élève de Talma.

BERNARD.

Ah! Talma, un fameux!.. je l'ai vu dans un gratis, aux fêtes du sacre.

ISIDOR, poursuivant.

Chambrée complète. On lève la toile... devinez ce qui arrive?

BERNARD.

Mais sans doute le personnage qui commençait la pièce.

ISIDOR.

Eh bien! vous n'y êtes pas. Le personnage qui commençait la pièce était la jeune première, et la jeune première nous avait quittés avec l'amoureux de la troupe. Vous concevez dans quel embarras nous jetait une pareille fugue?.. Eugène qui veut faire une annonce, s'embrouille et se fait travailler; on cherche Julien... mon farceur avait rencontré deux trompettes, ses anciens amis, et il était tranquillement avec eux, à prendre du punch au café... enfin il arrive tout chancelant sur la scène, et au lieu de solliciter l'indulgence du public, savez-vous ce qu'il propose?.. un solo de trombonne.

JULIEN, riant.

Il fallait bien remplacer un spectacle par un autre.

ISIDOR, de même.

Ah! pour cela, il y a réussi : il n'avait promis qu'un solo, et il y a eu concert; mais c'est l'auditoire qui l'a exécuté. Dieu! quelle symphonie!.. ça marchait à grand orchestre!

BERNARD.

Comment, le public...

ISIDOR.

Ce n'était plus un public, monsieur, c'étaient des lions... Nous insulter ainsi, s'écrient simultanément, deux cents voix renforcées par autant d'instrumens à ouvrir les serrures, à bas! à bas, l'acteur!.. des excuses!.. rendez l'argent, et sans attendre qu'on s'explique, nous sommes assaillis par une grêle de pommes et de pierres : En même temps, les portes des loges sont brisées, les banquettes volent en éclats..le commissaire veut rétablir l'ordre, sa voix magistrale se perd dans le tumulte, sa personne est outragée! des furieux, des furieux même, avaient escaladé le théâtre et nous poursuivaient jusque dans les coulisses, où une lutte inégale et sanglante allait s'engager, quand heureusement la providence, ou plutôt les quinquets brisés, ont refusé tout à coup leur lumière à cette scène d'horreur.

Air de Marianne.

Profitant de cette heureuse ombre
Pour les débarrasser tous deux,
Je les entraîne sans encombre
Dehors de ce séjour affreux;
Puis dans la foule,
Qui sort et roule,
Nous élançant,
Poussant et bousculant;
D'un pas rapide,
L'instinct pour guide,
Par des ch'mins sûrs,
Nous atteignons les murs...
Débris d'une troupe complète,
Nous nous sauvons, mais ô douleur!
Nous n'avons pas eu le bonheur
De sauver la recette.

BERNARD, gaîment.

Eh! mais c'est tout une histoire que celà, et même une histoire fort plaisante, ma foi! enfin, vous voilà hors d'embarras; oubliez donc ce petit événement, et soyez les bien venus. (Leur désignant la pièce à droite.) En attendant qu'on vous serve à souper; voici ma chambre, je vous l'abandonne : reposez-vous, et si vous voulez vous changer...

JULIEN.

Volontiers, par exemple, car dans l'état où nous sommes, et n'ayant que ce chétif porte-manteau pour tous trois...

BERNARD.

Agissez sans façon... ah! mon Dieu! et mon pauvre Jacques que j'oublie; pardon, mais une affaire indispensable...

ISIDOR.

A votre aise, cher hôte, à votre aise.

BERNARD, avec émotion.

C'est que voyez-vous, mes amis...

Air du Vaudeville de Taconnet.

C'est un vieillard, voyageur comme vous,
Dans le chemin, il s'égara sans doute,
Mais pour mon cœur, c'est un plaisir bien doux,
De lui donner la main, jusqu'au bout de la route.
A ses douleurs je me dois tout entier,
Auprès de lui, j'ai promis de me rendre...
Un malheureux doit passer le premier
Et celui-là, n'a pas le tems d'attendre.

(Prenant son parapluie et sortant.)

Allons, sans adieu... faites comme chez vous.

SCÈNE X.

LES MÊMES, excepté **BERNARD.**

EUGÈNE.

Ma foi, je profite de la permission.

ISIDOR.

Et moi je vais écrire à Voreppe pour donner de nos nouvelles à nos amis

JULIEN.

Approuvé; pendant ce temps, nous deux Eugène, nous allons inspecter les localités. (Il entre dans la chambre de Bernard.)

ISIDOR.

Ah! messieurs, point d'abus, ce brave homme y a mis tant de confiance...

JULIEN, reparaissant sur la porte de la chambre.

Ma foi mes amis, il n'y a pas gras... LE PETIT CARÊME DE MASSILLON.., (Ouvrant un autre volume.) HISTOIRE DE NAPOLÉON ET DE LA GRANDE ARMÉE... ah! c'est un peu mieux.

ISIDOR.

Notre hôte aime la lecture, à ce qu'il parait.

EUGÈNE, endossant une redingote.

Moi, voici mon affaire.

JULIEN, paraissant de nouveau, une bouteille à la main.

Victoire! victoire! voilà le meilleur de la bibliothèque...une collection de Malaga!

EUGÈNE.

Voyons, Julien, ne fais pas de bêtises; respect aux propriétés.

JULIEN.

Tiens! en payant la consommation, on n'a rien à dire.

(Il rentre, Eugène le suit.)

SCÈNE IX.

ISIDOR seul, puis **VÉRONIQUE.**

ISIDOR, seul.

Diable de Julien! s'il met le nez dans la bouteille, nous n'en pourrons plus jouir; il n'en fait jamais d'autres... (Il s'assied près de la table et se débarrasse de son manteau.) Ah ! comme cela, je suis plus à mon aise... (Prenant tout ce qu'il lui faut sur la cheminée.) Ecrivons...

VÉRONIQUE, entrant tristement.

Sans doute il est parti!.. (Voyant Isidor.) Sainte vierge! que vois-je?.. ces vêtemens... oh! plus de doutes, c'est monseigneur l'évêque... j'en avais un pressentiment : et M. Bernard qui précisément vient encore de sortir; et moi qui ignorais...

ISIDOR, l'apercevant.

Quelle est cette femme?..

VÉRONIQUE, troublée.

Pardon, mille fois pardon si ce n'est pas avec tous les égards... mais quand on n'est pas prévenu.

ISIDOR.

Prévenu de quoi...

VÉRONIQUE.

Mais monseigneur...

ISIDOR, riant.

Monseigneur !..allons, allons, vous vous trompez et je ne puis souffrir...

VÉRONIQUE.

Bien, bien; monseigneur veut garder l'incognito, n'est-ce pas? je devine, mais quelle joie! quel honneur pour nous!

ISIDOR, à part,

Il y a méprise, c'est tout clair; mais si j'y comprends un mot...

VÉRONIQUE, continuant.

Et juste en ce moment même... ah! c'est une permission du ciel! car je n'aurais jamais osé en faire l'aveu à mon frère : mais à vous, monseigneur.

je vous dirai tout : je fus coupable sans doute ; mais je vous jure que j'ai été bien trompée...

ISIDOR, à part.

Parbleu ! voilà une singulière confidence.

VÉRONIQUE,

Il est ici...je l'ai vu, je l'ai reconnu ; monseigneur, ne m'abandonnez pas ; j'étais si jeune, car voilà plus de vingt-trois ans...

ISIDOR.

Vingt-trois ans ! ah ! c'est une faute déjà bien ancienne !

VÉRONIQUE.

Hélas ! mon frère était aux armées. J'étais seule chez une vieille tante qui est morte depuis... sans expérience, abandonnée à moi-même... (Elle pleure et, se laissant tomber sur un siége.) Ah ! excusez-moi, plaignez-moi, monseigneur, car je suis bien malheureuse !..

ISIDOR.

Ah ! mon Dieu ! est-ce qu'elle va se trouver mal, à présent !.. a-t-on vu un embarras pareil !..

VÉRONIQUE.

AIR du Château Perdu.

Mon repentir, je vous jure est sincère,
Ayez pitié de ma position ;
Mettez le comble à vos bontés, mon père,
En m'accordant votre protection ?

ISIDOR.

J'aurai pour vous la plus grande indulgence,
Calmez-vous donc, vos vœux sont entendus ;
Ce que je vois ; me donne l'assurance
Que maintenant vous ne pècherez plus.

SCÈNE XII.

LES MÊMES, RÉMOND.

RÉMOND, entrant et à lui-même.

Oui, je n'en puis plus douter, tout ce que j'ai appris chez ce notaire... c'est bien elle... (L'apercevant.) Véronique !

VÉRONIQUE, de même.

Grand Dieu ! c'est lui !.. le voilà... ah ! monseigneur, ayez pitié de moi !..
(Elle se sauve par le fond.)

RÉMOND, surpris.

Monseigneur ? et elle se sauve ?

ISIDOR, à part.

Ah ! voilà le séducteur !

RÉMOND.

Monsieur est sans doute un des supérieurs de ce bon Bernard ?

ISIDOR.

Qui ça, Bernard ?

RÉMOND.

Le curé.

ISIDOR.

Quel curé ?

RÉMOND.

Son frère, son respectable frère qui, je le vois, ne sait rien encore ; mais je vous le promets, il sera content de moi... si seulement elle avait des nouvelles de notre fils.

ISIDOR.

Ah ! il y a un fils ?

RÉMOND.

Monsieur, votre habit est celui d'un saint homme...

ISIDOR, à part.

Mon habit! oh! imbécile que j'étais!.. leur erreur s'explique maintenant...

RÉMOND, continuant.

Vous venez, je le vois, de consoler cette malheureuse fille; daignez maintenant m'entendre.

ISIDOR, à part.

Comment, celui-là aussi!.. ce serait un peu fort!

RÉMOND.

Vous voyez devant vous, ce Philippe Rémond dont vous parlait sans doute la pauvre Véronique : Je la croyais perdue, morte, que sais-je!.. mais puisque je l'ai retrouvée, et qu'elle est la sœur de Bernard, c'est maintenant une affaire d'honneur, et je sais ce qu'il faut que je fasse.

ISIDOR, vivement.

Attendez donc... vous vous nommez Philippe Rémond?

RÉMOND.

Sans doute.

ISIDOR.

Ancien soldat?

RÉMOND.

Huitième chasseur.

ISIDOR.

Il y a environ, ving-deux ans... parbleu! il serait étrange... mais oui, il me l'a conté cent fois, c'est bien cela.

RÉMOND, vivement.

Hein, qu'est-ce que vous dites donc?

ISIDOR.

Je dis, mon brave homme, que je puis vous rendre votre fils; Julien Rémond, reconnu par vous à la mairie de Saint-Pierre-le-Moutier.

RÉMOND.

Département de la Nièvre... est-il possible!

ISIDOR.

Je le connais, nous sommes presque dans la même partie.

RÉMOND, étonné.

Comment ce gamin-là serait maintenant...

ISIDOR.

Dans le commerce.

RÉMOND.

Le commerce? ah ça! vous n'êtes donc pas...

ISIDOR.

Je suis son camarade.

RÉMOND.

Mais ce vêtement?

ISIDOR.

Hasard, circonstance, costume de théâtre.

RÉMOND.

Je tombe de mon haut, comment je retrouverais en un jour... et vous pourrez m'enseigner aussi en quels lieux il reste, n'est-ce pas?

ISIDOR.

Ah! mon Dieu, vous allez le voir, il est là...

RÉMOND, se contenant à peine.

Là... à côté de moi?.. ah! mon cher monsieur, si vous saviez l'effet... quand on s'attend si peu... eh bien j'espère que sans m'en douter, j'étais joliment en famille! (Il va pour entrer dans la chambre que vient de lui désigner Isidor, et s'arrêtant tout-à-coup.) Non, avant tout, il faut que je voie sa mère; que je lui parle, et ce bon Bernard..Ah! tenez, je pers la tête...venez avec moi, j'ai un projet... (S'avançant vers la porte et s'efforçant de parler bas.) Adieu, monstre, ingrat... ah! emmenez-moi, car j'aurais peut-être la faiblesse d'aller lui sauter au cou!

ISIDOR.

Vous suivre, je le veux bien, mais faut il que je prenne au moins le temps de me changer un peu.

RÉMOND.

Dans une autre chambre... venez, venez... (S'adressant à Pierre qui entre en scène.) Ah! ça, toi, petit, ne vas pas faire de bavardages...

PIERRE, stupéfait.

Moi, voyageur, de dessus quoi donc?

RÉMOND.

Suffit, pas un mot... (A Isidor.)

AIR du Bonsoir d'Edouard Bouve.

Allons partons, et faisons diligence,
Allons trouver le maire ou son adjoint.
Il faut ici montrer de la prudence;
Venez mon cher, me servir de témoin.
(Avec curiosité et se rapprochant d'Isidor.)
Comment est-il?..

ISIDOR.

C'est un vrai diable à quatre:
Brave garçon, un peu mauvais sujet:
Aimant à boire, et parfois à se battre...

RÉMOND, à part.

Le scélérat! c'est bien tout mon portrait!

ENSEMBLE.

Allons partons, et faisons diligence,
Allons trouver le maire ou son adjoint,
Il faut ici mettre de la } prudence.
Comptez sur moi, comptez sur ma }
Venez mon cher me servir de } temoin.
Venez mon cher je suis votre }

PIERRE, à part.

Qu'est-c' que veut dir' toute c'te manigance
Que vont-ils fair' chez le maire ou l'adjoint?
J' n'aurai pas d' peine à garder le silence
Car je n' sais rien, j'en prends l' ciel à témoin.

Isidor prend sa valise et sort avec Rémond.

SCÈNE XIII.

PIERRE, seul.

Ah! ça qu'est-ce qu'ils ont donc tous? je leur trouve des airs si drôles! si cocasses! ah! et mamselle Véronique, donc, en v'là un miracle!.. je viens de jaser avec elle, comme elle entrait chez le sonneur... elle est à présent d'une affabilité! elle m'a appelé son petit Pierre. Elle est devenue un amour, elle ne se ressemble plus du tout... Eh bien! où sont donc passés les autres voyageurs? (On entend chanter Julien.) Tiens, il sont dans la chambre de m' sieur le curé, qu'est-ce qui peuvent donc y faire?.. (Regardant par le trou de la serrure.) Comment, ils ont osé mettre ses z'hardes? ah! mon Dieu! les v'là après le vin de Malaga... ah! comme ils y vont! comme ils y vont!.. surtout le petit...

SCÈNE XIV.

PIERRE, PERRINE, tenant une pile d'assiettes; puis JULIEN et EUGÈNE.

PERRINE, à Pierre.

Eh ben! v'là comme tu m'aides? tu n'as pas mis le couvert de ces messieurs?

PIERRE.

Ces messieurs... ils sont gentils, et mamselle va être contente!.. tiens, tiens, regarde celui-là...

EUGÈNE, suivant Isidor.

Allons, en voilà assez... tu vas t'abîmer.

JULIEN, buvant à même une bouteille.

Laisse donc, je sais bien ce que je puis contenir, peut-être... (Buvant encore.) Pas mauvais, hein, le petit vin de Malaga?

PERRINE.

Par exemple! avoir pris le vin des malades!

JULIEN, étourdi.

C'est le vin des malades?.. si j'avais su ça, je l'aurais bu à leur santé.

PIERRE, avec résolution.

Voyageur, vot' conduite est ridicule.

JULIEN, le faisant tourner.

Qu'est-ce qu'il dit, celui-là?.. ah ça! voyons, et le souper, est-ce pour aujourd'hui?..

PERRINE.

Oui, messieurs, à l'instant.

JULIEN, avec joie.

A l'instant?.. ah! bien, parbleu? pour ta bonne nouvelle, il faut que je t'embrasse. (Il la poursuit.)

PERRINE, se sauvant.

M'embrasser!.. ah! plus souvent!

PIERRE, barrant le passage à Julien.

Dites donc, dites donc, voyageur, on ne joue pas à ce jeu-là, ici, voyez-vous.

JULIEN, le repoussant.

Veux-tu te taire, toi, petit criquet!

EUGÈNE, à Julien.

Allons, sois donc raisonnable, ne tourmente pas cette petite.

JULIEN, attrapant Perrine.

Ah! je la tiens!

PIERRE, hors de lui.

Voyageur, voulez-vous finir à la fin des fins, ou je crie au voleur.

JULIEN, riant.

Voleur de cœurs, tu veux dire?.. Eh bien! corbleu! tu n'en auras pas le démenti! (A Perrine qui se défend.)

AIR : Un homme pour faire un tableau.

Mignonne, à tes gentils appas,
Foi de voleur, je rends hommage!

PERRINE.

C'est bon, c'est bon, n' mapprochez pas...

JULIEN.

Pourquoi faire tant de tapage!
Je suis d'humeur à m'amuser,
Allons, fillette au teint de rose,
Quand ce ne serait qu'un baiser,
Je veux te voler quelque chose.

(Il veut la saisir, mais elle lui échappe et il tombe dans les bras de Pierre qu'il embrasse à sa place.)

PIERRE, criant.

Au secours! au secours!

SCÈNE XV.

LES MÊMES, BERNARD.

BERNARD.

Eh bien, eh bien! que se passe-t-il donc ici?

PERRINE, courant à lui.

Ah! m'sieur le curé, c'est vous, quel bonheur! j' suis sauvée!

PIERRE.

Viens, ma pauvre Perrine, ça ne sera rien... a-t-on jamais vu un enragé de voyageur comme ça! (Il sort avec elle.)

EUGÈNE.

Le curé!.. notre hôte est curé?

BERNARD.

Oui, messieurs, je suis le desservant de ce village; et vous reconnaissez bien mal l'hospitalité que vous avez reçue chez moi.

EUGÈNE.

Monsieur, nous ignorions...

JULIEN, gaîment.

Oh! un curé! fameux!.. nous lui boirons son vin, c'est de bonne prise!

EUGÈNE, cherchant à le retenir.

Allons, finis, tu as tort... insulter, maltraiter ce brave homme, la belle prouesse!

JULIEN.

Laisse donc, nous allons rire.

BERNARD, avec calme.

Jeune homme, vous devriez au moins respecter mon âge, mon état...

JULIEN.

Votre état? laissez-moi donc tranquille, je n'aime pas les jésuites, et encore moins les sermons.

BERNARD.

Vous n'avez pas entendu les miens, je n'ai jamais prêché que la tolérance.

JULIEN, s'exaltant.

Ta, ta, ta, ta! à ce que vous dites... Eh bien! corbleu! pour que je le croie, il faut que j'en aie la preuve. Voyons, voyons, fais-nous vite une exhortation sur la tempérance, ou sans ça, marche à ta cave, et apporte-nous de ton meilleur.

BERNARD, faisant de visibles efforts pour se contenir.

A moi de pareilles injures! ô ma patience! ma patience¡

JULIEN, avec ironie.

Eh bien! tu n'es pas prêt? allons donc, j'attends... est-ce que tu ne sais pas ton rôle?

BERNARD, en demi aparté et avec la plus vive émotion.

Mon Dieu! j'avais renoncé au monde, je croyais avoir étouffé toutes les passions qui ont agité ma vie; et voilà qu'un insensé vient me chercher dans ma retraite, pour troubler mon repos et réveiller encore des souvenirs auxquels je ne voulais plus songer!.. Ah! pitié! pitié, mon Dieu! car mon sang s'allume, ma raison s'égare, et j'oublierais peut-être que ce n'est que par le mépris qu'il faut répondre à sa lâcheté!

JULIEN, poussé à bout, et agitant sa canne qu'il finit par lever sur Bernard.

Lâcheté! vieux radoteur, applaudis-toi de ce que ta faiblesse te protége; sans cela...

EUGÈNE, voulant le retenir et lui arrachant sa canne.

Julien!

BERNARD, ne se contenant plus.

Lever une canne sur moi!.. malheureux! (S'arrêtant tout à coup, et passant de l'exaspération à une colère froide, dont il ne tarde pas à se rendre maître.) Un ecclésiastique! ton hôte! un vieillard que chacun aime et respecte!.. Ah! il y a de ta part bien de la folie! car tu ne sais pas à qui tu t'adresses; regarde: (Il va ouvrir au fond, près de la porte, une petite armoire perdue dans la tenture, et dans laquelle sont deux sabres et un uniforme avec épaulette de sous-officier; puis, prenant les sabres qu'il jette aux pieds de Julien étonné.) ces deux sabres d'honneur, ces épaulettes, je les ai gagnés sur le champ de bataille, à Aboukir, à Essling; moi, qui vingt ans, ai servi mon pays, avant de me vouer à Dieu.

JULIEN et EUGÈNE.

Est-il possible!

BERNARD.

AIR : Époux imprudent, fils rebelle.

Jeune encor, j'ai porté les armes,
J'ai suivi nos guerriers fameux :
Je grandis au sein des alarmes,
J'ai vu tous nos faits glorieux !
Et les combats furent mes premiers jeux.
Apprends-le donc, pauvre petit novice,
Sur le Thabor, j'avais inscrit mon nom ;
J'étais sevré par la poudre à canon,
Que tu n'étais pas en nourrice.

Et maintenant, si je ne ramasse pas une de ces armes pour te demander raison de ton outrage, crois-tu que ce soit la peur qui m'arrête? que la chaleur manque à mon sang, ou que mon bras soit sans force? tu voulais que je te fisse un discours sur la tempérance : je t'ai obéi... quelle plus grande preuve puis-je te donner, que je comprends cette vertu?.. Oh! merci à toi, pure et sainte religion qui, par cette épreuve m'as fait connaître ma véritable force; merci, et sois bénie cent fois, puisqu'au lieu de haine, tu m'inspires encore d'oublier ses injures!

EUGÈNE, avec émotion.

Ah! monsieur, cette noble conduite...

SCÈNE XVI.

LES MÊMES, RÉMOND, ISIDOR, qui a changé de costume.

RÉMOND, entrant.

Que vois-je?.. des sabres, et Bernard tout ému!.. mille carabines! l'un de vous l'aurait-il insulté?

ISIDOR, à Rémond en lui désignant son fils.

Parbleu! c'est mon Julien qui aura encore fait des siennes.

RÉMOND, vivement.

Lui!.. si je savais que ce blanc-bec-là...

BERNARD.

Non, tu te trompes, je t'assure.

JULIEN, vivement choqué.

Blanc-bec!..

RÉMOND.

Oui, un blanc-bec, un mauvais sujet, un drôle!

JULIEN, se mettant en colère et ramassant un des sabres.

Monsieur, ces expressions... pourquoi venez-vous vous mêler...

RÉMOND.

Parce que j'en ai le droit.

EUGÈNE, à Julien.

Vas-tu te faire encore une affaire?

RÉMOND.

Avec moi?.. oh! je suis bien tranquille; quelque crâne qu'il soit, il ne l'osera pas, allez. (Bas à Julien.) Cet homme va être ton oncle, et moi... je me nomme Philippe Rémond.

JULIEN, de même et vivement.

Ciel! mon père!

RÉMOND, même jeu de scène.

Non, pas encore... plus tard, peut-être, je ne dis pas... jusque là, silence, entends-tu.

JULIEN, à part en se frottant les yeux.

Ah! ça me dégrise!

BERNARD, bas à Rémond en lui montrant Julien.

Tu sais donc qui il-est?

RÉMOND, de même.

Je crois bien... c'est mon fils.

BERNARD, surpris.

Bah!.. voilà une drôle de reconnaissance, par exemple. (L'examinant, et plus bas à Rémond.) Eh bien! vrai, je trouve qu'il te ressemble un peu.

RÉMOND.

Tu crois?.. (Bas à Julien.) Vilain monstre, va!

JULIEN.

Ah! je m'en veux à présent!.. (A Bernard.) Pardon, monsieur; j'ai bien des torts envers vous, mais lorsque je vous ai insulté j'étais en délire, j'avais ce qu'on appelle un verre de vin de trop dans la tête... je n'en suis pas moins coupable, mais c'est peut-être une excuse; car, dans l'ivresse, je vous le demande, monsieur, sait-on ce qu'on peut dire, ce qu'on peut faire?

BERNARD, à lui-même et comme frappé d'un pénible souvenir.

Dans l'ivresse!.. (A Julien.) Oh! oui, vous avez raison... oui, vous êtes excusable; oublions tout... (A Remond.) Et toi, cache... cache ces armes; il faut aussi que je me punisse...je ne les regarderai plus...(A Rémond qui, ayant fait ce qu'il vient de lui dire, a refermé l'armoire et lui en présente la clé.) Non, non, je ne répondrais pas de tenir la résolution que je viens de prendre, jette-la par la fenêtre...

SCÈNE XVII.

LES MÊMES, VÉRONIQUE, PIERRE, PERRINE, VILLAGEOIS, HOMMES et FEMMES.

CHOEUR.

AIR : Déjà pour la cérémonie. (De Valentine.)

Ici, nous venons rendre hommage,
A notre évêque à monseigneur.
Sa visit', pour notre village
Est un honneur,
Est un bonheur!

BERNARD.

Mais vous êtes dans l'erreur, mes bons amis; qui donc a pu vous dire...

TOUS.

C'est mam'selle Véronique.

VÉRONIQUE.

Eh! sans doute... comment, mon frère, vous ne l'avez pas vu?.. vous ne savez pas que notre respectable évêque...

ISIDOR, JULIEN, EUGÈNE.

Ah! ah! la bonne méprise!

VÉRONIQUE.

Une méprise! quoi, ce n'était pas lui qui, tantôt...

RÉMOND, à Isidor.

Ah! j'y suis, votre costume...

VÉRONIQUE, reconnaissant Rémond.

Que vois-je! Rémond!.. il n'est point reparti!

BERNARD, à part.

Comment, ils se connaissent!

RÉMOND, bas à Véronique.

Non, ma pauvre Véronique; et maintenant qu'avec un mari, je puis te rendre ton fils... mais silence... (Lui montrant Bernard et Julien.) Ni lui, ni ce jeune homme ne savent rien encore; il fera jour demain.

BERNARD, à Rémond.

Que conte-tu donc là, à ma sœur?

RÉMOND.

Rien, rien... nous causerons de ça... tout ce que je puis te dire pour l'instant, c'est que je renonce au projet que je t'ai confié ce matin, et que tu vas avoir à faire un mariage, dont bien certainement tu ne te serais pas douté. (A part.) Ni moi non plus... elle est furieusement changée tout de même!

PIERRE.

Ah! m'sieur le curé, mariez-nous en même temps; pour faire d'une pierre deux coups.

BERNARD.

Eh! bien, voyons, j'y consens... (Bas à Rémond.) Coquin, si je voulais, je devinerais bien quelque chose... mais je me tais; la foi est une vertu de mon état... que la volonté du ciel soit faite... (S'adressant à tous.) Vous, mes amis, je vous invite tous à la noce: c'est moi qui mettrai la nappe et qui paierai les violons.

VÉRONIQUE.

Comment, vous les recevrez tous?

BERNARD.

Eh! bien, sans doute... est-ce que ce n'est pas ici la MAISON DU BON DIEU?

TOUS.

Vive monsieur Bernard!

CHOEUR.

AIR nouveau de M. Roger.

De l'heureux bourg de Sassenage
Fêtons, chantons, le bienfaiteur ;
C'est notre pèr', c'est notr' pasteur.
C'est le Fénélon du village.

BERARD, au public,

AIR du vaudeville de la Partie fine.

En cet instant souvent fâcheux,
Par une crainte spontanée,
Sans être superstitieux,
On peut croire à la destinée.
Là haut, vos arrets sont écrits,
Ou succès, ou chute complète ;
Ne nous laissez pas indécis,
Aux loges, comme au paradis,
Que votre volonté soit faite.

REPRISE DU CHOEUR.

De l'heureux bourg de Sassenage, etc.

FIN.

www.ingramcontent.com/pod-product-compliance
Lightning Source LLC
LaVergne TN
LVHW052024160826
845678LV00003B/1197

* 9 7 8 2 3 2 9 6 2 7 8 1 6 *